12 Bedtime Stories in FRENCH and English

12 Bedtime Stories in French and English
Copyright © 2023 by Kyra Starr.

Stories by Angela Yuriko Smith
Translations by Luiz Fernando Peters

This book belongs to

_____

- - - - - - - - - - - - - - - - - -

_____

Table of Contents

The Moon Cake

Le Gâteau de Lune

There once was a little girl named Lisa who was snuggled in bed waiting to sleep. She gazed up at the night sky from her bedroom window and thought the full moon looked just like a giant cookie. Lisa wished she could taste the moon as she drifted off to sleep.

Il était une fois une petite fille nommée Lisa qui était lovée dans son lit en attendant de s'endormir. Elle contemplait le ciel étoilé depuis la fenêtre de sa chambre et pensait que la pleine lune ressemblait à s'y méprendre à un gigantesque biscuit. Lisa aurait tellement aimé goûter à la lune tandis qu'elle s'endormait.

In her dream, Lisa found herself floating in the sky, surrounded by twinkling stars and the Milky Way

8

flowing like a river of milk. It looked like the perfect drink to go with a giant moon cookie. She made a magical golden cup out of stray sunbeams, and filled it up with some of the creamy Milky Way, ready for her midnight snack.

Dans son rêve, Lisa se retrouva en train de flotter dans le ciel, entourée d'étoiles scintillantes et de la Voie lactée coulant comme une rivière de lait. Cela semblait être la boisson parfaite pour accompagner un gigantesque biscuit lunaire. Elle créa une tasse magique en or à partir des rayons du soleil qui erraient, et la remplit de la crémeuse Voie lactée, prête pour son en-cas de minuit.

As she reached the moon, Lisa discovered it was actually a giant moon cake! She took a big bite, and it was even more delicious than she had imagined. The moon cake was soft, sweet, and filled with a delicious, fluffy cream.

Alors qu'elle atteignit la lune, Lisa découvrit qu'il s'agissait en réalité d'un gigantesque gâteau de lune! Elle en prit une grosse bouchée, et c'était encore plus délicieux qu'elle ne l'avait imaginé. Le gâteau de lune était moelleux, sucré et rempli d'une délicieuse crème légère.

Stars fell down onto Lisa and her

moon cake, like sweet, glittering sprinkles. When Lisa smiled she realized she had stars in her teeth and they made her smile sparkle and shine too. Lisa savored her magical midnight snack, happy in the dream that brought her such a delightful adventure.

Des étoiles tombèrent sur Lisa et son gâteau de lune, comme de doux et scintillants vermicelles. Quand Lisa sourit, elle réalisa qu'elle avait des étoiles entre les dents, ce qui faisait briller son sourire aussi. Lisa savoura son en-cas magique de minuit, heureuse du rêve qui lui avait apporté une aventure si délicieuse.

The Golden Meadow

Le Pré Doré

In a peaceful meadow, there lived a small pony named Paul. He often watched the bigger horses gallop swiftly through the grass, and wished he could run just as fast. But Paul's legs were shorter, and he couldn't keep up with them.

Dans un pré paisible, vivait un petit

poney nommé Paul. Il observait souvent les plus grands chevaux galoper rapidement à travers l'herbe et souhaitait pouvoir courir aussi vite. Mais les jambes de Paul étaient plus courtes, et il ne pouvait pas les suivre.

One sunny afternoon, Paul trotted slowly through the meadow, feeling a little sad. As he moved closer to the ground, he discovered something wonderful. The meadow was filled with beautiful, golden dandelions! The taller horses, always running so fast, had never noticed these lovely blossom treasures.

Un après-midi ensoleillé, Paul trotta lentement à travers le pré, se sentant un peu triste. En s'approchant du sol, il découvrit quelque chose de merveilleux. Le pré était rempli de magnifiques pissenlits dorés! Les plus grands chevaux, toujours en train de courir si vite, n'avaient jamais remarqué ces jolis trésors en fleurs.

Excited, Paul was excited to share his discovery with the bigger horses. He gently plucked a few dandelions with his mouth and trotted over to the other horses. At first, they were curious about what Paul had brought them. They thought the cheerful flowers were amazing! Paul told them to look down, and for the first time they noticed the lovely happy flowers.

Excité, Paul était ravi de partager sa découverte avec les plus grands chevaux. Il cueillit doucement quelques pissenlits avec sa bouche et trotta vers les autres chevaux. Au début, ils étaient curieux de ce que Paul leur avait apporté. Ils trouvèrent les fleurs joyeuses incroyables! Paul leur dit de regarder en bas, et pour la première fois, ils remarquèrent les belles fleurs heureuses.

The bigger horses smiled, grateful for Paul's discovery. They realized that the meadow was even prettier than they had known, all thanks to the little pony's unique perspective. From that day on, Paul and the bigger horses celebrated their differences, knowing that each of them brought something special to their beautiful meadow home, and each other.

Les plus grands chevaux sourirent, reconnaissants pour la découverte de Paul. Ils réalisèrent que le pré était encore plus joli qu'ils ne le savaient, tout cela grâce à la perspective unique du petit poney. À partir de ce jour-là, Paul et les plus grands chevaux célébrèrent leurs différences, sachant que chacun d'eux apportait quelque chose de spécial à leur magnifique maison de pré, et les uns aux autres.

Raphael's Gift
Le Cadeau de Raphaël

There once was a little cloud named Raphael. Raphael was always sad because he never stopped raining wherever he went. All the children would frown when they saw him coming and run indoors. They couldn't play outside when it rained.

Il était une fois un petit nuage

nommé Raphaël. Raphaël était toujours triste car il ne cessait jamais de pleuvoir partout où il allait. Tous les enfants fronçaient les sourcils lorsqu'ils le voyaient arriver et couraient à l'intérieur. Ils ne pouvaient pas jouer dehors quand il pleuvait.

Raphael wished he could be like the other clouds that came with sunshine and glowed pink in the beautiful sunsets. Raphael was lonely. Even

24

though he was light and fluffy his heart was heavy.

Raphaël souhaitait pouvoir être comme les autres nuages qui venaient avec le soleil et brillaient en rose lors des magnifiques couchers de soleil. Raphaël était seul. Même s'il était léger et duveteux, son cœur était lourd.

One day, Raphael drifted to a very dry place where it hardly ever rained.

The ground was parched, and the flowers were drooping in thirst. As Raphael approached he saw a group of children playing. He tried to hold back his tears, but the rain started falling, as it always did.

Un jour, Raphaël dériva vers un endroit très sec où il ne pleuvait presque jamais. Le sol était desséché, et les fleurs se flétrissaient de soif. En s'approchant, Raphaël vit un groupe d'enfants en train de jouer. Il essaya de retenir ses larmes, mais la pluie commença à tomber, comme d'habitude.

To his surprise, the children in this new place were delighted to see him! They ran outside, laughing and splashing in the puddles he created. They thanked Raphael for watering the thirsty flowers and bringing cool air to a hot day.

À sa grande surprise, les enfants de cet endroit nouveau étaient ravis de le voir! Ils sortirent en courant, en riant et en éclaboussant dans les flaques qu'il créait. Ils remercièrent Raphaël d'arroser les fleurs assoiffées et d'apporter de l'air frais à une journée chaude.

For the first time, Raphael felt appreciated and understood. He realized that even though his rain was not always welcome everywhere, there were places where he was needed. Raphael learned that everyone has a special gift, and sometimes it just takes longer to discover what that gift is.

Pour la première fois, Raphaël se sentit apprécié et compris. Il réalisa que même si sa pluie n'était pas toujours la bienvenue partout, il y avait des endroits où il était nécessaire. Raphaël apprit que tout le monde a un don spécial, et parfois il faut juste plus de temps pour découvrir quel est ce don.

From that day on, Raphael's tears turned into happy raindrops, and he knew that he could bring joy and refreshment to the world, one rain shower at a time.

À partir de ce jour-là, les larmes de Raphaël se transformèrent en joyeuses gouttes de pluie, et il sut qu'il pouvait apporter de la joie

et de la fraîcheur au monde, une
averse à la fois.

Emelia and the Kitten

Emelia et le Chaton

There once was a little girl named Emelia who wished for nothing more than to have a kitten. One sunny afternoon, Emelia lay down in the grass at the park to watch the clouds and drifted off to sleep.

Il était une fois une petite fille nommée Emelia qui ne souhaitait

rien d'autre que d'avoir un chaton. Un après-midi ensoleillé, Emelia s'allongea dans l'herbe du parc pour regarder les nuages et s'endormit.

In her dream, she found a baby kitten wearing a vest and top hat who could dance and sing. Emelia giggled as she played with the talented kitten, singing along with him. They danced together in the sunshine, skipping between trees. They made wishes on dandelions.

Suddenly, Emelia was awakened by the sound of thunder. She sat up and realized the magical kitten was just a dream. Disappointed, Emelia began to run home to avoid the rain.

Dans son rêve, elle trouva un chaton bébé portant un gilet et un haut-de-forme qui pouvait danser et chanter. Emelia éclata de rire en jouant avec le chaton talentueux, chantant en chœur avec lui. Ils dansèrent ensemble sous le soleil, sautant entre les arbres. Ils firent des vœux sur les pissenlits. Soudain, Emelia fut réveillée par le bruit du tonnerre. Elle se redressa et se rendit compte que le chaton magique n'était qu'un rêve. Déçue, Emelia commença à courir chez elle pour échapper à la pluie.

As she hurried under the darkening sky, she saw a boy holding a cardboard box that read "Free Kittens!" The boy looked worried, as he had only one kitten left and hoped to find it a loving home before the rain sent him running.

Alors qu'elle se dépêchait sous le ciel qui s'assombrissait, elle vit un garçon tenant une boîte en carton sur laquelle était écrit "Chatons gratuits!" Le garçon avait l'air inquiet, car il n'avait plus qu'un seul chaton et espérait lui trouver un foyer aimant avant que la pluie ne le fasse fuir.

The kitten's eyes sparkled as she took him into her arms. She named the kitten Max, and promised to love and care for him. Together, they made it home just before the rain.

Les yeux du chaton étincelèrent quand Emelia le prit dans ses bras. Elle nomma le chaton Max et promit de l'aimer et de s'occuper de lui. Ensemble, ils rentrèrent chez eux juste avant la pluie.

Max might not have been as silly and magical as the kitten in her dream, but he was even better because he was real. Emelia was so happy as she cuddled her new best friend and Max felt the same way. He purred in her arms and both of them felt lucky.

Max n'était peut-être pas aussi farfelu et magique que le chaton de son rêve, mais il était encore meilleur parce qu'il était réel. Emelia était tellement heureuse en

câlinant son nouveau meilleur ami,
et Max ressentait la même chose. Il
ronronnait dans ses bras et tous les
deux se sentaient chanceux.

Fueled by Imagination

Propulsé par l'Imagination

There was a young boy named Tommy who loved race cars but he knew he couldn't afford to buy a real one yet. He decided to make his own race car using a large cardboard box. First, he painted it with bright colors and added racing stripes, but as he looked at it he decided something was missing. Wheels!

Il était une fois un jeune garçon nommé Tommy qui adorait les voitures de course, mais il savait qu'il ne pouvait pas encore se permettre d'en acheter une réelle. Il décida de fabriquer sa propre voiture de course en utilisant une grande boîte en carton. D'abord, il la peignit avec des couleurs vives et ajouta des bandes de course, mais en la regardant, il décida qu'il lui manquait quelque chose. Des roues!

Tommy searched for something that could be wheels and found some discarded aluminum pie plates. He attached them to his race car. Something was still missing, and he realized his car needed headlights. He used the shiny bottoms of old cans to create dazzling lights.

Tommy chercha quelque chose qui pourrait faire office de roues et trouva des assiettes en aluminium jetées. Il les fixa sur sa voiture de course. Quelque chose manquait toujours, et il réalisa que sa voiture avait besoin de phares. Il utilisa le dessous brillant de vieilles boîtes de conserve pour créer des lumières éblouissantes.

His race car was looking very good, but still, something was missing. Tommy needed a steering wheel! He looked around and found a bucket lid that made the perfect steering wheel. Now, his race car was complete.

Sa voiture de course avait vraiment belle allure, mais il manquait encore quelque chose. Tommy avait besoin d'un volant! Il regarda autour de lui et trouva un couvercle de seau qui fit le parfait volant. Maintenant, sa voiture de course était complète.

Just then, Tommy's mom pulled into the driveway and saw her son's imaginative creation. She was very proud and told Tommy she liked his car even more because he had used his imagination to find all the parts he needed to complete his project. As he climbed into his car, Tommy imagined himself racing at lightning speed, fueled by the limitless power of his imagination.

Juste à ce moment-là, la maman de Tommy se gara dans l'allée et vit la création imaginative de son fils. Elle en était très fière et dit à Tommy qu'elle aimait encore plus sa voiture parce qu'il avait utilisé son imagination pour trouver toutes les pièces dont il avait besoin pour terminer son projet. Alors qu'il grimpait dans sa voiture, Tommy s'imagina en train de foncer à toute vitesse, propulsé par le pouvoir illimité de son imagination.

Butterfly Magic
La Magie des Papillons

James was a boy who loved watching bugs. He marveled at the ants with their strong legs that could lift many times their weight. He admired grasshoppers with their long antennae which could hear sounds from great distances. He even found spiders fascinating, with their delicate, lace-like webs as strong as steel.

James était un garçon qui adorait observer les insectes. Il s'émerveillait devant les fourmis avec leurs pattes robustes qui pouvaient soulever bien plus lourd qu'elles. Il admirait les sauterelles avec leurs longues antennes qui pouvaient entendre des sons venant de grandes distances. Il trouvait même les araignées fascinantes, avec leurs toiles délicates, semblables à de l'acier.

One day, James came across a strange bug that puzzled him. It didn't have the strong legs of an ant, the long antennae of a grasshopper, or the web-spinning skills of a spider. Not only did it have none of these things, but it looked more like a shell from the beach than an insect. James looked it up on the computer and discovered his strange insect was called a chrysalis, hanging from a tree branch.

Un jour, James découvrit un insecte étrange qui le laissa perplexe. Il n'avait ni les pattes solides d'une fourmi, ni les longues antennes d'une sauterelle, ni les talents de tisseur de toile d'une araignée. Non seulement il ne possédait aucune de ces caractéristiques, mais il ressemblait davantage à un coquillage de plage qu'à un insecte. James fit des recherches sur l'ordinateur et découvrit que son étrange insecte s'appelait une chrysalide, suspendue à une branche d'arbre.

James watched the chrysalis intently, wondering what kind of creature was inside. Suddenly, the chrysalis began to crack open. Slowly, a beautiful butterfly emerged, its wings still wet and crumpled.

James observa la chrysalide avec attention, se demandant quel genre de créature se trouvait à l'intérieur.

Soudain, la chrysalide commença à se fissurer. Lentement, un magnifique papillon en sortit, ses ailes encore humides et froissées.

James had witnessed a remarkable transformation. The mysterious bug had changed into a stunning butterfly right before his eyes. James never forgot this experience and always paid even more attention to where he was walking after that. James felt like he had seen something magical.

James avait été témoin d'une transformation remarquable. L'insecte mystérieux s'était métamorphosé en un superbe papillon sous ses yeux. James n'oublia jamais cette expérience et fit encore plus attention à l'endroit où il marchait par la suite. Il avait l'impression d'avoir vu quelque chose de magique.

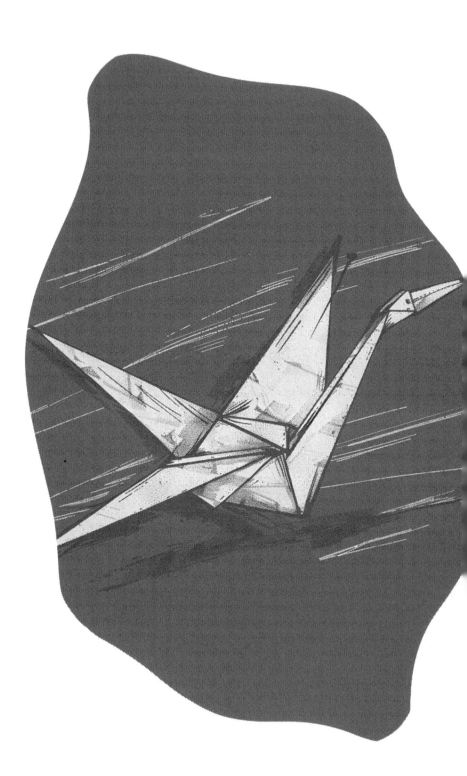

The Bluebird of Happiness

L'Oiseau Bleu du Bonheur

Sarah wanted to give her mother a special gift. She searched her room for something to use but only found a single sheet of paper and a blue crayon.

Sarah voulait offrir un cadeau spécial à sa maman. Elle chercha dans sa chambre quelque chose à utiliser, mais ne trouva qu'une seule feuille de papier et un crayon bleu.

Sarah wondered what she could create with such simple materials. She thought for a long time, and then, had a brilliant idea. With the blue crayon, she carefully drew feathers all over the paper, making it look like the beautiful feathers of a bird.

Sarah se demanda ce qu'elle pourrait créer avec des matériaux si simples. Elle réfléchit longuement, puis eut une idée brillante. Avec le crayon bleu, elle dessina soigneusement des plumes partout sur la feuille, la faisant ressembler aux belles plumes d'un oiseau.

Next, Sarah began to fold the paper, creasing it this way and that. She followed her instructions from a video, making many intricate folds until she had crafted a delicate origami paper bird.

Ensuite, Sarah commença à plier la feuille, la froissant dans tous les sens. Elle suivit les instructions d'une vidéo, réalisant de nombreuses pliures complexes jusqu'à ce qu'elle ait créé un délicat oiseau en origami en papier.

Sarah thought it was very pretty. She ran to her mother and presented the paper bird as a gift. "I've brought you the bluebird of happiness," she exclaimed.

Sarah le trouva très joli. Elle courut vers sa maman et lui présenta l'oiseau en papier comme cadeau. "Je t'ai apporté l'oiseau bleu du bonheur", s'exclama-t-elle.

Her mother's eyes lit up with joy, admiring the thoughtful creation. She hugged Sarah tightly and said, "I have a bluebird of happiness and a daughter of happiness. This bluebird is a wonderful reminder of the love and joy you bring into my life."

Les yeux de sa maman s'illuminèrent de joie, admirant cette création réfléchie. Elle serra Sarah fort dans ses bras et dit: "J'ai un oiseau bleu du bonheur et une fille du bonheur. Cet oiseau bleu est un merveilleux rappel de l'amour et de la joie que tu apportes dans ma vie."

Sarah felt a warm glow inside, knowing that even simple gifts could bring happiness to those she loved. From that day on, the bluebird of happiness held a special place in their home on the kitchen table and never failed to bring them joy every day.

Sarah ressentit une chaleur intérieure, sachant que même des cadeaux simples pouvaient apporter du bonheur à ceux qu'elle aimait. À partir de ce jour-là, l'oiseau bleu du bonheur occupa une place spéciale dans leur maison, sur la table de la cuisine, et ne manqua jamais de leur apporter de la joie chaque jour.

New Home for a Lost Shoe

Une nouvelle maison pour une chaussure perdue

There once was a lost shoe that felt very alone without its partner. Many noticed the lost shoe. They would pick it up, say how nice it was but then drop it. What good was a single shoe? Feeling unwanted, the shoe almost gave up hope.

Il était une fois une chaussure

perdue qui se sentait très seule sans son partenaire. Beaucoup remarquaient la chaussure perdue. Ils la ramassaient, disaient à quel point elle était jolie, puis la laissaient tomber. À quoi bon une seule chaussure? Se sentant indésirable, la chaussure avait presque perdu espoir.

One cold night, someone threw the shoe away at the edge of the woods. The shoe was very sad, thinking it might stay there, lonely in the weeds, forever.

Une nuit froide, quelqu'un jeta la chaussure au bord de la forêt. La chaussure était très triste, pensant qu'elle resterait là, seule parmi les herbes, pour toujours.

Just then, a nearly frozen mother mouse and her three children ran by. They had had to leave their snug warm home and we looked for a new place.The shoe kindly offered them shelter, explaining that his rubber sole could keep the rain out, and they could use the laces to tie the opening closed against the cold night.

À ce moment-là, une mère souris presque gelée et ses trois enfants passèrent en courant. Ils avaient dû quitter leur douillet chez eux et cherchaient un nouvel endroit. La chaussure leur offrit gentiment un abri, expliquant que sa semelle en caoutchouc pouvait empêcher la pluie de rentrer, et ils pouvaient utiliser les lacets pour fermer l'ouverture contre la nuit froide.

The mouse family gratefully accepted the offer and found that the shoe was a warm and cozy home. The entire mouse family agreed, the lost shoe was a perfect mouse home.

La famille souris accepta avec gratitude l'offre et découvrit que la chaussure était une maison chaleureuse et confortable. Toute la famille souris était d'accord, la chaussure perdue était une maison parfaite pour une souris.

The shoe was no longer lonely. He was proud to keep the mouse family safe and warm. He realized that even if he wasn't part of a pair, he could still make a difference in the world. The shoe's heart was always full, knowing he had found a new purpose and a loving family.

La chaussure n'était plus seule. Elle était fière de protéger la famille souris et de les garder au chaud. Elle comprit que même si elle ne faisait pas partie d'une paire, elle pouvait encore faire une différence dans le monde. Le cœur de la chaussure était toujours comblé, sachant qu'elle avait trouvé une nouvelle raison d'être et une famille aimante.

Owl Thoughts

Les Pensées de la Chouette

A wise owl was very bored. He loved to solve puzzles but he lived in a hollow tree and he had run out of things to think about. He often felt bored with nothing to challenge his clever mind. One day, a piece of newspaper blew into his home, and he discovered the joy of crossword puzzles.

Une chouette sage s'ennuyait beaucoup. Elle adorait résoudre des énigmes, mais elle habitait dans un arbre creux et elle n'avait plus rien à penser. Elle se sentait souvent ennuyée, n'ayant rien pour stimuler son esprit astucieux. Un jour, un morceau de journal souffla dans sa maison, et elle découvrit la joie des mots croisés.

At first, the owl didn't understand how to play, but he read the instructions and practiced until he figured it out. He couldn't wait to find more puzzles to solve but he didn't know where he could find more games like this.

Au début, la chouette ne comprenait pas comment jouer, mais elle lut les instructions et s'entraîna jusqu'à ce qu'elle comprenne. Elle avait hâte de trouver plus de casse-tête à résoudre, mais elle ne savait pas où trouver d'autres jeux comme celui-ci.

One day, the owl spotted a newspaper on a park bench and swooped down to take it back to his tree, thinking it was discarded. A man yelled up at him, explaining that he was only halfway through the crossword.

Un jour, la chouette repéra un journal sur un banc de parc et s'abattit pour le ramener à son arbre, pensant qu'il était abandonné. Un homme lui cria en expliquant qu'il n'avait terminé que la moitié des mots croisés.

Feeling guilty, the owl returned the newspaper to the man. As they chatted, they tried to solve the next word in the puzzle together. They realized they had a lot in common and became best friends.

Se sentant coupable, la chouette rendit le journal à l'homme. En discutant, ils essayèrent de résoudre ensemble le mot suivant dans le puzzle. Ils se rendirent compte qu'ils avaient beaucoup en commun et devinrent les meilleurs amis.

From then on, the man always brought two copies of the newspaper to the park: one for him and one for his puzzle-loving owl friend. The wise bird and the man spent many happy hours together, solving crossword puzzles and enjoying each other's company.

Dès lors, l'homme apporta toujours deux exemplaires du journal au parc: un pour lui et un pour son ami chouette qui aimait les mots croisés. L'oiseau sage et l'homme passèrent de nombreuses heures joyeuses ensemble, résolvant des mots croisés et appréciant la compagnie de l'autre.

A Beautiful Melody

Une Belle Mélodie

There once was a trumpet who always seemed to play the wrong song. The other instruments in the band didn't like him around because he was always offbeat and wandered through the musical notes on his own, forgetting to follow along like the rest of the band.

Il était une fois une trompette qui semblait toujours jouer la mauvaise chanson. Les autres instruments de l'orchestre ne l'appréciaient pas car il était toujours hors rythme et se promenait à travers les notes musicales tout seul, oubliant de suivre comme le reste de l'orchestre.

One day the trumpet heard a woman singing. He followed the sound to where a happy woman was hanging up her laundry. Her music was unique, unlike anything he had ever heard before. She was also offbeat and wandered through the musical notes on her own, just like him.

Un jour, la trompette entendit une femme chanter. Il suivit le son jusqu'à un endroit où une femme joyeuse étendait son linge. Sa musique était unique, différente de tout ce qu'il avait jamais entendu auparavant. Elle était aussi hors rythme et se promenait à travers les notes musicales toute seule, tout comme lui.

The trumpet thought her song was perfect and began to toot along with her. Together, they sounded wonderful, and everyone who heard them clapped and cheered. The woman and the trumpet played in perfect harmony with each other.

La trompette pensa que sa chanson

était parfaite et commença à jouer en accord avec elle. Ensemble, ils sonnaient merveilleusement bien, et tous ceux qui les entendaient applaudissaient et acclamaient. La femme et la trompette jouaient en parfaite harmonie l'une avec l'autre.

It was then that both the trumpet and the woman realized they hadn't been playing the wrong song, they had just never found the right band. From that day on, the trumpet and the woman played their unique music together, filling the world with their special songs and showing the world that there is always room for more music, even when it didn't seem in harmony.

C'est alors que la trompette et la femme réalisèrent qu'elles n'avaient jamais joué la mauvaise chanson, elles n'avaient tout simplement jamais trouvé le bon orchestre. À partir de ce jour-là, la trompette et la femme jouèrent leur musique unique ensemble, remplissant le monde de leurs chansons spéciales et montrant au monde qu'il y a toujours de la place pour plus de musique, même quand elle ne semble pas être en harmonie.

Herbert Writes a Story

Herbert écrit une histoire

Herbert wanted to write a story. He dreamed of writing the best book in the world. He started by using a typewriter, but the story just wouldn't come out right. Frustrated, he got rid of the machine and the unfinished story.

Herbert voulait écrire une histoire.

Il rêvait d'écrire le meilleur livre du monde. Il commença en utilisant une machine à écrire, mais l'histoire ne sortait pas comme il le voulait. Frustré, il se débarrassa de la machine et de l'histoire inachevée.

Next, Herbert tried writing with an ink pen. But once again, the story didn't seem to work. He threw out the pen and the story, feeling discouraged. Herbert decided to try one more time, this time using a pencil.

Ensuite, Herbert essaya d'écrire avec un stylo à encre. Mais une fois de plus, l'histoire ne semblait pas fonctionner. Il jeta le stylo et l'histoire, se sentant découragé. Herbert décida d'essayer une dernière fois, cette fois en utilisant un crayon.

Herbert was tired of starting his story over and over. He was determined, so he kept writing until he finally finished writing the whole thing. When he looked at all the words he put down on paper, he realized it might not be the best story in the world, but it didn't matter to him anymore.

Herbert en avait assez de recommencer son histoire encore et encore. Il était déterminé, alors il continua à écrire jusqu'à ce qu'il ait enfin fini d'écrire toute l'histoire. Quand il regarda tous les mots qu'il avait écrits sur papier, il se rendit compte que ce n'était peut-être pas la meilleure histoire du monde, mais cela n'avait plus d'importance pour lui.

Herbert learned an important lesson: the most important thing wasn't to make something better than everyone else. Making it the best he could do was just fine. He felt proud of his accomplishment and cherished the story he had written, knowing it was special because it was the one he managed to complete. And in his heart, that made it the best story in the world for him.

Herbert apprit une leçon importante: la chose la plus importante n'était pas de faire quelque chose de meilleur que tout le monde. Faire de son mieux était très bien. Il était fier de son accomplissement et chérissait l'histoire qu'il avait écrite, sachant qu'elle était spéciale parce que c'était celle qu'il avait réussi à terminer. Et dans son cœur, cela en faisait la meilleure histoire du monde pour lui.

The Brave Little Dog

Le Petit Chien Courageux

In a small town there lived a tiny black dog named Charles who was scared of everything. He was afraid when he was alone, but he was also afraid he would be stepped on when people were around. He worried the sun would get too hot in the summer, but he also feared he might get too cold in the winter. He was never happy.

Dans une petite ville vivait un tout petit chien noir nommé Charles qui avait peur de tout. Il avait peur quand il était seul, mais il avait aussi peur qu'on marche sur lui quand les gens étaient autour. Il s'inquiétait que le soleil devienne trop chaud en été, mais il craignait aussi de devenir trop froid en hiver. Il n'était jamais heureux.

One day, Charles was in the park, feeling afraid of the trees, the grass, and a little girl playing with a kite. Suddenly, the kite began to fall from the sky, and it looked like it might crash right into the little girl. Charles was scared, but this time his fear was for someone else. He worried the girl might get hurt.

Un jour, Charles était au parc, ayant peur des arbres, de l'herbe et d'une petite fille qui jouait avec un cerf-volant. Soudain, le cerf-volant commença à tomber du ciel, et il semblait qu'il allait s'écraser directement sur la petite fille. Charles avait peur, mais cette fois, sa peur était pour quelqu'un d'autre. Il s'inquiétait que la fille puisse se faire mal.

Charles ran fast and jumped through the air, knocking the kite away just before it bumped into the girl. Everyone around them cheered and called Charles a hero. In that moment, Charles realized the best way to not be afraid was to be brave for someone else.

Charles courut rapidement et sauta dans les airs, repoussant le cerf-volant juste avant qu'il ne heurte la fille. Tout le monde autour d'eux applaudit et appela Charles un héros. À ce moment-là, Charles réalisa que la meilleure façon de ne pas avoir peur était d'être courageux pour quelqu'un d'autre.

From that day on, whenever Charles felt scared, he thought of the little girl he had saved. His newfound bravery helped him face his fears, and he became a happier, more courageous dog, ready to help others in need.

À partir de ce jour-là, chaque fois que Charles se sentait effrayé, il pensait à la petite fille qu'il avait sauvée. Sa nouvelle bravoure l'aida à affronter ses peurs, et il devint un chien plus heureux, plus courageux, prêt à aider les autres dans le besoin.

Thank you for learning with us!

Choosing to teach your child at home can sometimes be a difficult decision for the family financially.

If you know a family in need that would love this book, please send me an email.

I will send you a PDF of this book with no questions asked.

doodlesafari@gmail.com

Made in the USA
Middletown, DE
09 November 2024

64182117R00062